Diccionario escolar enfocado

Matemáticas
Grado K

DEG

San Antonio, Texas

Staff

Editorial

Jorge Díaz
Contenidos

Alba Sánchez
Directora Editorial

Producción

Luis Díaz
Director de Diseño

Alejandro Flores
Director de Producción

Elida Lara
Formación

Arte

Isabel Arnaud
Alejandro Garza
Ilustradores

Isabel Arnaud
Ilustración de Portada

ISBN 1-932554-07-6

6 5 4 3 2 1   03 04 05 06 07

Contenido

Querido amigo:

En el *Diccionario escolar enfocado* para Matemáticas Kinder, padres y maestros encontrarán una herramienta para ayudar a los niños a familiarizarse con los términos de matemáticas y su uso en su vida cotidiana.

El *Diccionario escolar enfocado* para Matemáticas Kinder es como un cofre del tesoro lleno de ilustraciones y términos que ayudarán a los pequeños a comprender conceptos de matemáticas con aplicaciones prácticas. El contenido de este diccionario fue seleccionado de los programas educativos que los pequeños llevan en su escuela.

Los papás y los maestros son personajes importantes en el inicio del desarrollo de destrezas matemáticas de los niños, por eso este diccionario también está dirigido a ellos. Disfruten juntos esta herramienta invaluable que es el *Diccionario escolar enfocado* para Matemáticas Kinder que Diaz Educational Group pone en sus manos.

Los Editores

Cómo usar este diccionario

El *Diccionario escolar enfocado* para Matemáticas Kinder es una guía para la comprensión y aplicación de conceptos de matemáticas. Cada término está ilustrado, de manera que los niños de kinder pueden hacer una asociación de palabras, imágenes y conceptos con mucha mayor facilidad y precisión.

El contenido de este diccionario está ordenado por temas: Números; Lugares; Figuras; Posición; Clasificar; Medidas; y Operaciones. Los términos se presentan en español e inglés.

Al final de este diccionario se ofrece un índice ordenado alfabéticamente en español, al cual padres y maestros pueden recurrir para buscar la palabra o palabras con las cuales desean trabajar con los niños.

Este diccionario termina con un índice ordenado alfabéticamente en inglés, que es una referencia rápida para padres y maestros, así como para aquellas personas que están aprendiendo el idioma español.

Ilustraciones

Coloridas imágenes que representan lo que significan los términos de matemáticas.

Palabra

Término de matemáticas como se escribe en español.

26

alto
tall

bajo
short

Inglés

Término en inglés que corresponde al término en español.

Números

cero **zero**

0

uno **one**

1

dos **two**

2

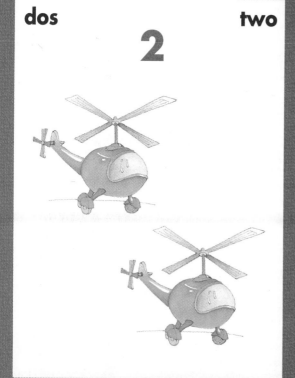

tres **three**

3

cuatro **four**

4

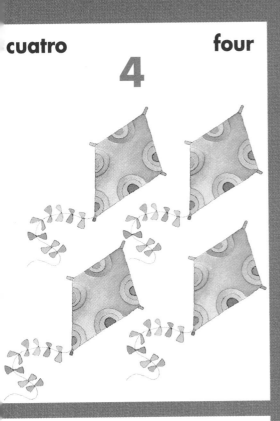

cinco **five**

5

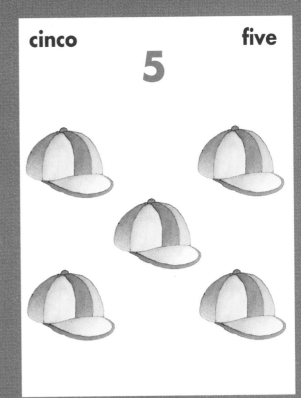

seis **six**

6

siete **seven**

7

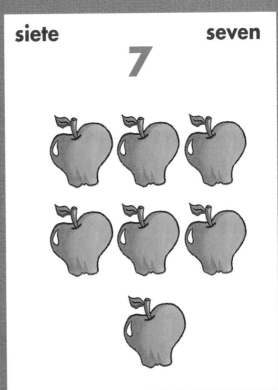

3

ocho **8** **eight**

nueve **9** **nine**

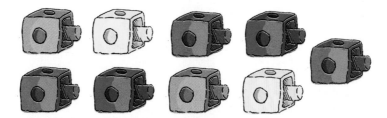

diez **10** **ten**

once **11** **eleven**

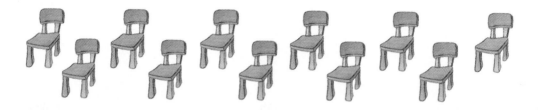

4

doce   12   twelve

trece   13   thirteen

catorce   14   fourteen

quince   15   fifteen

dieciséis 16 sixteen

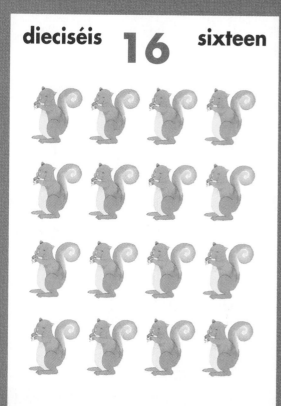

diecisiete 17 seventeen

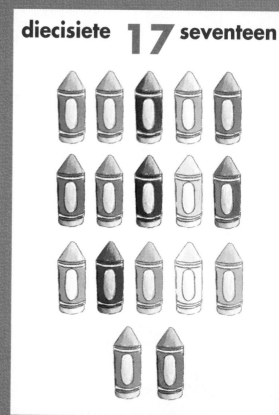

dieciocho 18 eighteen

diecinueve 19 nineteen

veinte 20 twenty

veintiuno 21 twenty-one

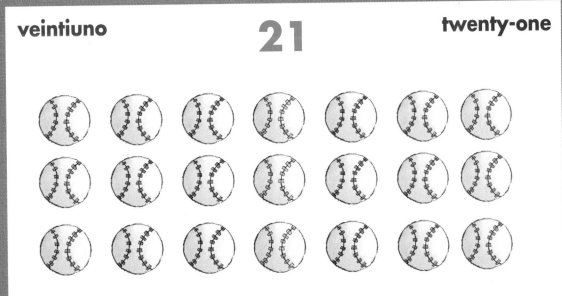

7

veintidós

22

twenty-two

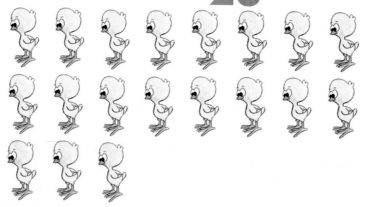

veintitrés

23

twenty-three

veinticuatro

24

twenty-four

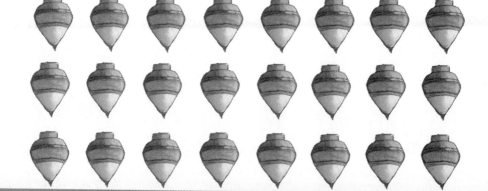

veinticinco   **25**   twenty-five

veintiséis   **26**   twenty-six

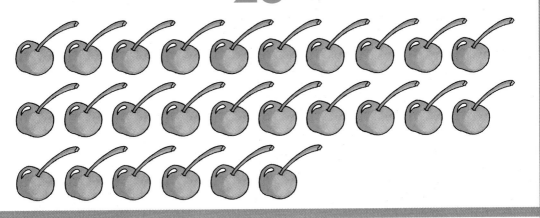

veintisiete   **27**   twenty-seven

veintiocho   twenty-eight
28

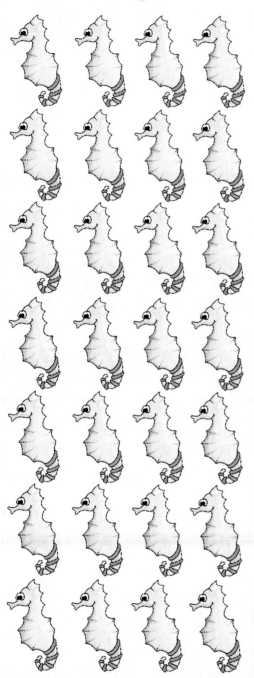

veintinueve   twenty-nine
29

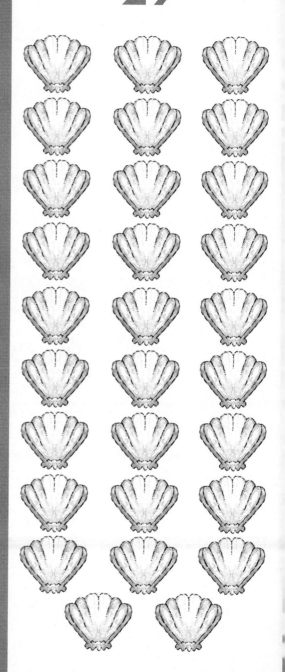

10

treinta   thirty

30

treinta y uno   thirty-one

31

Lugares

décimo
tenth

noveno
ninth

octavo
eighth

último
last

séptimo
seventh

quinto
fifth

sexto
sixth

cuarto
fourth

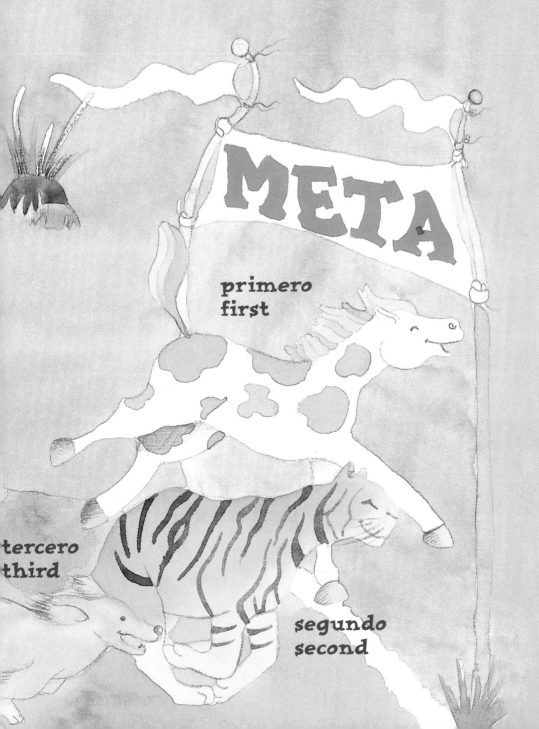

META

primero
first

tercero
third

segundo
second

Figuras

mitad
half

prisma
prism

pirámide
pyramid

sólido   cilindro   cubo   esfera   **15**
solid   cylinder   cube   sphere

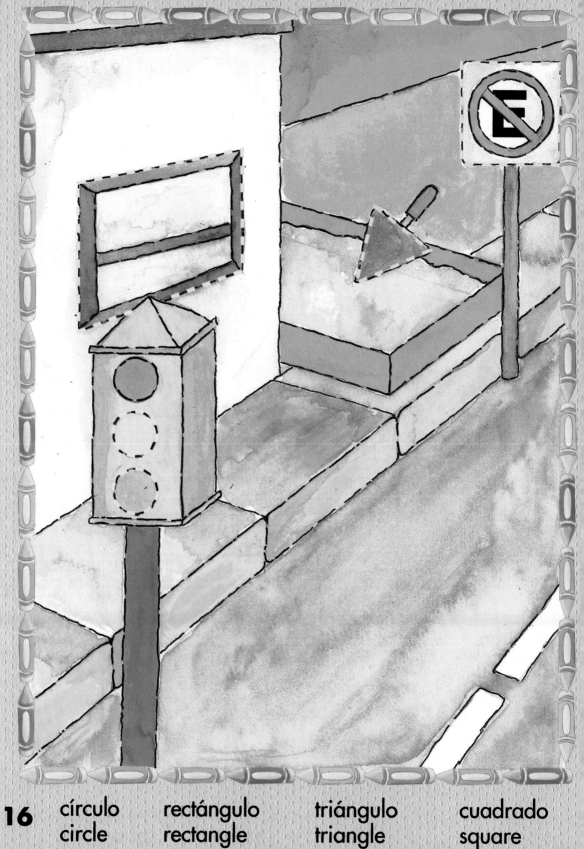

16

círculo	rectángulo	triángulo	cuadrado
circle	rectangle	triangle	square

deslizar
slide

rodar
roll

Dinero

1 centavo
penny

5 centavos
nickel

10 centavos
dime

25 centavos
quarter

Posición

20

arriba	en el medio	abajo
top	middle	bottom

sobre
above

debajo
below

21

22

antes
before

entre
between

después
after

más   menos   **23**
more   fewer

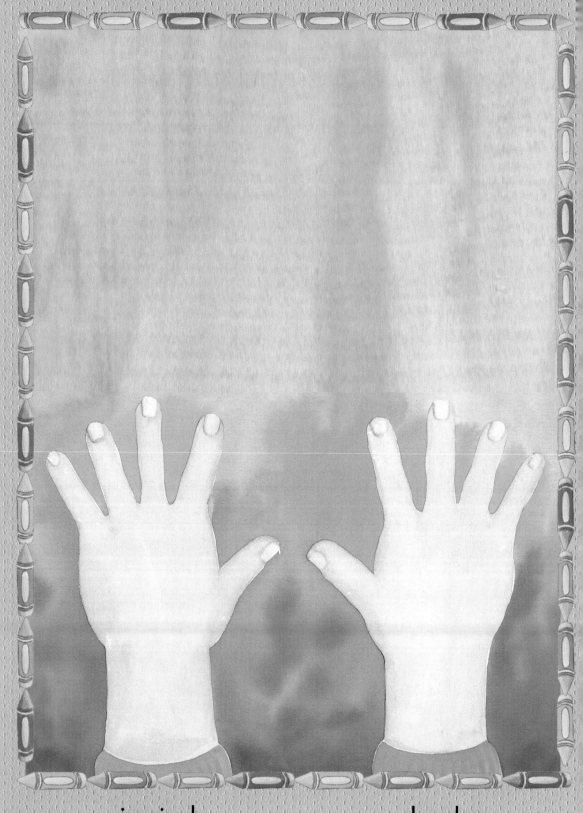

24

izquierda
left

derecha
right

Clasificar

26

alto
tall

bajo
short

largo
longer

corto
shorter

27

28

igual	diferente	parecido
same	different	alike

Medidas

30

calendario
calendar

hora
time

reloj
clock

peso
weight

longitud
length

grande
big

pequeño
small

31

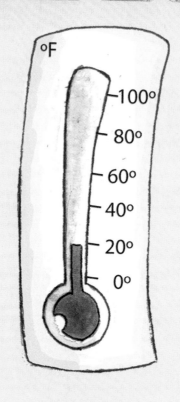

temperatura
temperature

vacío
empty

lleno
full

capacidad
capacity

Operaciones y gráficas

separar
separate

juntar
join

ordenar
order

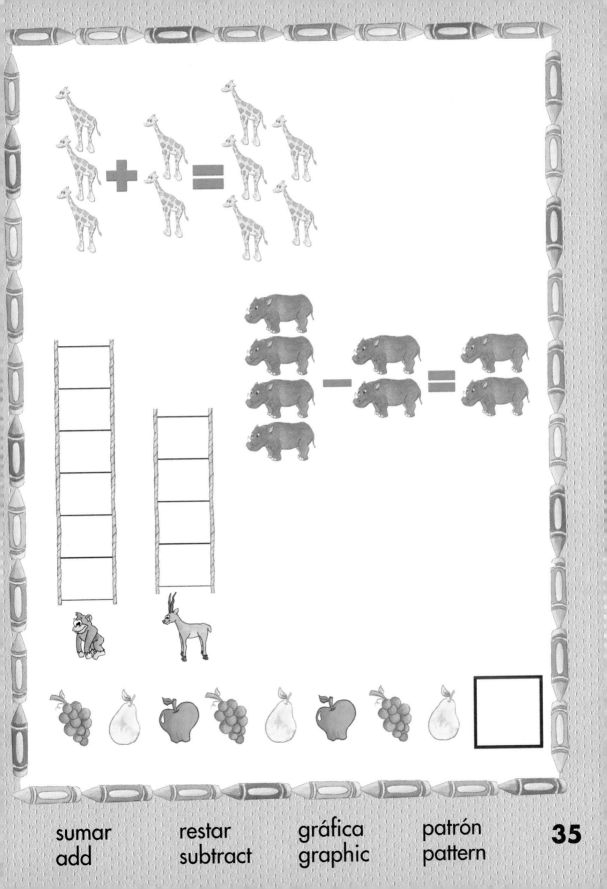

Índice Español / Inglés

El siguiente índice es una referencia rápida para que padres de familia y maestros busquen la palabra o términos con los cuales desean trabajar con los niños en la asociación de términos e imágenes relacionados con las Matemáticas.

Index English / Spanish

El siguiente índice es una referencia rápida para padres y maestros que están más familiarizados con el idioma inglés y que, por tanto, requieren la traducción al español para referirse a la página donde se encuentra la palabra que quieren investigar.

A

above / sobre, 21
add / sumar, 35
after / después, 22
alike / parecido, 28

B

before / antes, 22
below / debajo, 21
between / entre, 22
big / grande, 31
bottom / abajo, 20

C

calendar / calendario, 30
capacity / capacidad, 32
circle / círculo, 16
Classify / Clasificar, 25-28
clock / reloj, 30
cube / cubo, 15
cylinder / cilindro, 15

D

different / diferente, 28
dime / 10 centavos, 18

E

eight / ocho, 4
eighteen / dieciocho, 6
eighth / octavo, 12
eleven / once, 4
empty / vacío, 32

F

fewer / menos, 23

fifteen / quince, 5
fifth / quinto, 12
Figures / Figuras, 14-17
first / primero, 13
five / cinco, 3
four / cuatro, 3
fourteen / catorce, 5
fourth / cuarto, 12
full / lleno, 32

G

graphic / gráfica, 35

H

half / mitad, 14

J

join / juntar, 34

L

last / último, 12
left / izquierda, 24
length / longitud, 31
longer / largo, 27

M

Measurement / Medidas, 29-32
middle / en el medio, 20
Money / Dinero, 18
more / más, 23

N

nickel / 5 centavos, 18
nine / nueve, 4
nineteen / diecinueve, 7
ninth / noveno, 12